DEUX
CONFÉRENCES EN SORBONNE

SUR LA

PÉDAGOGIE MUSICALE

PAR

Mlle Hortense PARENT

EXPOSITION DE SA MÉTHODE D'ENSEIGNEMENT

POUR LE PIANO

PARIS

Henri THAUVIN, Éditeur

36, BOULEVARD SAINT-MICHEL, 36

1896

DEUX
CONFÉRENCES EN SORBONNE

SUR LA

PÉDAGOGIE MUSICALE

PAR

Mlle HORTENSE PARENT

EXPOSITION DE SA MÉTHODE D'ENSEIGNEMENT
POUR LE PIANO

PARIS

Henri THAUVIN, Éditeur

36, BOULEVARD SAINT-MICHEL, 36

1896

A

MONSIEUR GRÉARD

DE L'ACADÉMIE FRANÇAISE

VICE-RECTEUR DE L'ACADÉMIE DE PARIS

———

Hommage reconnaissant.

1re CONFÉRENCE[1]

18 *Mai* 1896

I

Mesdames, Messieurs,

Je suis ici, grâce à la bienveillante hospitalité de M. Gréard, le maître de cette illustre maison, pour vous exposer ma méthode d'enseignement. — Peut-être vous semble-t-il singulier qu'une méthode de piano se puisse expliquer sans piano, derrière une table, comme s'il s'agissait d'une méthode de français ou de quelque autre branche des connaissances intellectuelles?

Ce fait seul vous fait pressentir le lien qui rattache mon enseignement musical aux traditions universitaires et m'amène à parler *piano* dans un lieu consacré aux travaux de l'intelligence.

Permettez-moi de consacrer cette première

(1) Cette conférence est publiée exactement telle qu'elle a été dite.

leçon à vous dire comment j'ai été amenée à sortir des routes tracées, et à définir ensuite ma méthode en exposant les principes qui en sont la base.

Ma deuxième leçon aura pour objet l'historique de mes fondations scolaires, ainsi qu'une très courte analyse de mes ouvrages didactiques.

Avant d'entrer en matière, je m'excuse de la place prépondérante que va prendre le *moi* dans les explications qui vont suivre.

Je vais être obligée de parler de ma méthode comme si elle était d'un autre; je laisserai forcément voir, même si je ne l'exprime pas, tout le bien que j'en pense, et la parole d'un auteur absolument convaincu d'être dans le vrai, prend parfois une assurance qui semble le contraire de la modestie.

Mais croyez bien, Messieurs, que si (selon la délicate expression de M. Legouvé), les années ont dépouillé en moi la modestie qui s'ignore, je conserverai toute ma vie la modestie qui se juge.

Ma méthode s'est faite d'elle-même, jour à jour, par l'expérience accumulée d'une vie consacrée tout entière au professorat.

Pendant les premières années qui ont suivi ma sortie du Conservatoire, j'ai vu passer entre mes mains une grande quantité d'élèves dont la diversité, pour l'âge et la nature, m'a fourni de nombreux sujets d'observations.

A mesure que l'expérience m'apportait ses clartés, des idées nouvelles surgissaient en moi ; des doutes s'imposaient à mon esprit.

Je me demandais si les résultats obtenus dans la plupart des éducations musicales, étaient en rapport avec le temps que l'on passe au piano et la peine que l'on y prend. Je ne parle pas bien entendu des élèves artistes, dont le travail est tellement sérieux qu'il produit toujours quelque chose sinon quelqu'un ; mais pour les élèves amateurs, il n'en est pas ainsi. Beaucoup ne savent pas étudier seuls avec fruit. Très peu, même parmi ceux qui disposent de moyens d'exécution suffisants, sont en état d'apprendre uu morceau sans le secours du professeur.

Ils se laissent *seriner* (permettez-moi le mot), un certain nombre de faits musicaux que leur mémoire retient, un certain nombre de morceaux que leurs doigts exécutent.

Mais tout cela n'est que le reflet du maître et disparaît avec lui.

La plupart des amateurs abandonnent le piano, à un moment donné, faute de pouvoir faire quelque chose par eux-mêmes.

Devant de tels exemples sans cesse répétés, un rapprochement se faisait dans mon esprit entre certains apprentis pianistes et ces boîtes à musique qui contiennent, à la vérité, un joli choix de morceaux se déroulant à l'occasion, mais dont le mécanisme ne peut être mis en marche que par une intervention étrangère.

Et cependant, l'étude du piano ne devrait-elle pas être, pour l'amateur qui aime réellement la musique, non pas seulement un moyen d'obtenir quelques succès de salon pendant la période de l'éducation musicale, mais encore et surtout la source de jouissances personnelles plus élevées, quelque chose de ce qu'est la lecture pour celui qui l'aime, un plaisir dont on peut jouir à tous les âges, un moyen de s'élever l'esprit, parfois même, pour l'âme, une consolation ou un refuge?

Ces réflexions qui s'étaient imposées à mon esprit dès les premières années de ma carrière, prenaient une force plus grande à mesure que l'éducation des jeunes filles, établie sur des bases nouvelles, amenait dans l'étude des arts dits d'agrément, de profondes modifications.

Autrefois, les jeunes filles ne cultivaient généralement qu'un seul art, le dessin ou la musique selon leurs dispositions naturelles ; et deux heures d'études quotidiennes étaient le minimum de travail fourni par toute élève de piano.

Même dans ces conditions normales, la musique a toujours été considérée comme un art difficile ; écoutez ce qu'en disait, en 1840, Zimmermann qui a été le maître des très vieux maîtres d'aujourd'hui : « L'étude de la musique présente de telles difficultés pour le sujet dépourvu de dispositions et, dans ce cas, les résultats sont si peu en rapport avec le temps qu'on a consacré à ce travail, qu'il est d'une grande importance de s'assurer d'abord de l'aptitude de l'élève. »

Et plus près de nous, voici l'opinion de Félix Le Couppey, mon vénéré Maître. « Si l'on cherche à se rendre compte de tout ce qu'on exige d'un élève dès les premières leçons de piano ; si l'on réfléchit à la multitude de choses entre lesquelles il doit partager son attention : on s'étonne qu'une jeune intelligence puisse parvenir à résoudre tant de difficultés à la fois, et l'on se demande comment il se rencontre des natures assez bien douées pour y réussir. »

Que penseraient donc ces maîtres aujourd'hui où les conditions de l'étude du piano sont changées du tout au tout ?

En effet, de notre temps, il ne s'agit plus de

consulter les dispositions naturelles d'un enfant avant de lui faire apprendre la musique.

L'étude du piano a conquis sa place dans le programme d'études de toute éducation libérale. Toutes les jeunes filles, à tort ou à raison, apprennent le piano. Il est donc indispensable que les méthodes d'enseignement pour le piano, puissent s'appliquer avec succès à la majorité des élèves, c'est-à-dire à la *moyenne* des organisations.

De plus, le programme des études classiques est infiniment plus chargé qu'autrefois. Il faut qu'une jeune fille ait des clartés de tout. Il en résulte que le temps consacré à la culture des arts en général, et du piano en particulier, devient de jour en jour plus limité.

La méthode inculquée par le professeur doit donc être plus serrée et le travail fourni par l'élève plus substantiel, afin qu'un maximum de progrès puisse être obtenu avec un minimum de temps.

Telles sont les conditions qui sont faites actuellement à l'enseignement et à l'étude du piano.

Or, si à une situation nouvelle il faut, comme l'on dit en politique, des hommes nouveaux, n'est-il pas également nécessaire que les méthodes d'enseignement se modifient et se transforment dans le sens des idées générales, de manière à répondre à des besoins nouveaux ?

La méthode de piano qui s'impose à l'heure actuelle est une méthode qui, sans cesser d'être artistique, soit, en même temps, une méthode de vulgarisation. Ces deux conditions peuvent-elles être conciliées ? C'est ce que nous allons examiner.

L'enseignement du piano a été jusqu'ici fondé exclusivement sur deux facteurs : l'intuition et l'imitation.

Or, l'intuition est le don artistique par excellence. Seuls, les élèves *très bien doués* le possèdent.

Pour l'imitation, faculté d'un ordre infiniment moins élevé, elle a, sans doute, une part considérable dans les éducations artistiques. M. Gevaert, le savant directeur du Conservatoire de Bruxelles, le constatait tout récemment :

« N'oubliez pas, disait-il à un de nos critiques musicaux, n'oubliez pas qu'il y a un singe, un joli petit singe dans tout artiste lyrique ».

Mais le rôle de l'imitation n'en est pas moins limité car, parmi les amateurs, croyez-le bien, *n'est pas singe qui veut* !

A ces deux facteurs que la nature seule fournit : l'intuition et l'imitation, j'en ajoute un troisième qui est à la portée de tout le monde : l'intelligence générale et le raisonnement.

Je m'explique : tout élève assez intelligent pour faire ses études classiques dans une moyenne honorable, est capable, s'il est dirigé dans un sens rationnel, d'arriver, en musique, à la même moyenne honorable, fût-il dépourvu de toute organisation artistique.

Assurément, l'importance du rôle que joue l'instinct musical, (sans lequel il n'y a point de véritable artiste) est indiscutable ; mais les qualités de jugement et d'intelligence générale, bien loin de nuire au développement d'une organisation artistique, apportent précisément aux qualités natives de cette organisation, le contrepoids nécessaire pour les équilibrer. Que si, au contraire, l'instinct musical fait défaut, l'intelligence et le raisonnement peuvent, sinon combler cette lacune, du moins remédier aux inconvénients qui en résultent.

Avant d'entrer dans l'explication détaillée des principes sur lesquels j'ai fondé ma méthode, permettez-moi d'en résumer l'esprit en quelques préceptes généraux.

1° Développer l'initiative personnelle de

l'élève dans la mesure la plus large, et cela dès le premier jour de l'éducation musicale.

2° Décomposer toutes les difficultés techniques du piano, de manière à les réduire à leur plus simple expression et n'en présenter jamais qu'*une seule à la fois*.

3° Parler aux sens en même temps qu'à l'esprit. Montrer la chose avant le mot. Utiliser la mémoire des yeux et, par la figuration matérielle des faits musicaux, faire *voir* aux enfants ce que leur jeune cerveau pourrait se refuser à comprendre.

Vous voyez, Messieurs, que l'esprit de mon enseignement s'inspire des méthodes pédagogiques en honneur aujourd'hui, celles qui amènent l'élève à comprendre et à réfléchir.

« Une méthode est bonne, dit M. Alfred Fouillée, non parce qu'elle met beaucoup de mots dans la tête, mais parce qu'elle apprend à penser; » et ailleurs : « y a-t-il augmentation de force mentale, morale, esthétique? La méthode est bonne. Y a-t-il simplement un emmagasinage dans la mémoire? La méthode est mauvaise, car le cerveau n'est pas un magasin à remplir, mais un organe à fortifier. »

Tous ceux qui s'occupent d'enseignement peuvent constater un mal général dans l'éducation intellectuelle des jeunes filles, qu'il s'agisse de musique ou de toute autre étude.

La plupart ne savent pas réfléchir et étouffent leur intelligence au profit de leur mémoire.

Que de fois, lorsque je demande à une élève quelque chose qui exige un raisonnement inductif, elle me répond : « Je ne sais pas ». — Evidemment, non, vous ne savez pas, ce n'est pas un fait que je vous demande, c'est de trouver vous-même le rapport qui existe entre deux faits que vous connaissez. Pas moyen.

Quelle que soit la question posée, l'élève cherche dans son sac à informations (les sacs sont à la mode pour les femmes) ; si la réponse ne s'y trouve pas formulée, « Je ne sais pas, » dit-elle.

Le mal que je signale ici semble n'être pas particulier aux jeunes filles.

« Des milliers de mots et de chiffres, disait tout récemment M. Lavisse au sujet de l'examen de Saint-Cyr, des milliers de mots et de chiffres constituent les connaissances historiques et géographiques de la majorité des candidats ; mais les relations de ces mots et de ces chiffres avec les choses et des choses entre elles, c'est-à-dire, précisément, l'histoire et la géographie, demeurent obscures dans leur esprit. »

Et qu'on ne croie pas qu'une méthode de

piano fondée sur le raisonnement soit difficile à pratiquer ; qu'on ne croie pas que les résultats soient longs à obtenir ; qu'on ne croie pas surtout qu'elle soit aride pour l'élève.

Si l'enfant est dirigé ainsi dès le début, ses progrès sont plus prompts et plus sûrs ; il voit clair dans ce qu'il fait, il sait où il va, et, bien loin de le rebuter, cette méthode l'intéresse en donnant tout d'abord un rôle à sa petite personnalité.

Le médecin intelligent ne se contente pas de guérir une maladie aiguë, il remonte aux causes qui l'ont produite, il se préoccupe de l'état général de son malade ; puis, en l'initiant aux lois de l'hygiène, il l'aide à se maintenir en bonne santé, sans son secours.

De même, le professeur intelligent, tout en enseignant à son élève la manière d'exécuter tel ou tel morceau, doit aussi se préoccuper de l'*état général* de cet élève et lui inculquer les principes fondamentaux qui le mettront en état d'étudier correctement seul, — de déchiffrer correctement seul, — d'apprendre un morceau correctement seul, — afin que le jour où les leçons du maître feront défaut, l'élève ne soit pas acculé à l'impuissance.

Avant d'aller plus loin, je veux affirmer bien

haut que mes réformes et mes innovations n'attentent en rien au système musical moderne, ni à rien de ce qui constitue la musique.

Mes innovations et mes réformes portent exclusivement sur l'ordre dans lequel je présente les faits musicaux ; sur la manière dont je fais comprendre leur enchaînement, sur la façon d'étudier l'instrument qui nous occupe, enfin, sur un ensemble de procédés de direction, de travail et d'exécution que je considère comme m'étant personnels parce qu'ils ne m'ont pas été transmis, que je ne les ai jamais vu appliquer autour de moi, et qu'aucun traité, à ma connaissance, n'en fait mention.

« Il y a une façon inepte d'être cultivateur ou manufacturier, disait naguère M. Lavisse dans un discours célèbre ; de même il y a une façon inepte d'être professeur, magistrat, préfet.

« L'ineptie, en tous ces cas, vient de l'inertie d'un esprit confiné dans l'immédiat et qui se borne à faire comme le prédécesseur.

« Il y a au contraire une façon que j'appellerai philosophique de faire du blé, des tissus, de l'administration, c'est de contrôler et d'éclairer sa pratique par une théorie établie après réflexion.

« J'admire l'homme d'un métier qui, le pratiquant avec zèle et exactitude, le raisonne, le critique, y découvre des défauts et des imperfections, et l'accommode, autant que cela dépend de lui, aux transformations perpétuelles des idées et des choses. Celui-là, comme on dit, suit le mouvement, et il aide au mouvement. »

II

Nous allons maintenant examiner les principes qui servent de base à mon enseignement.

Ma méthode est à la fois une méthode d'application et une méthode de transmission.

Elle a pour but d'apprendre aux élèves *à apprendre* et aux jeunes professeurs *à enseigner*.

Elle comprend l'étude instrumentale du piano, l'étude pratique et théorique des principes de la musique (car je n'admets pas qu'un pianiste ne soit pas musicien), enfin l'étude de la pédagogie musicale.

La méthode d'application a pour base des principes de travail et de virtuosité, la méthode de transmission a pour base des principes de pédagogie.

Commençons par l'énumération de ces principes de pédagogie qui concernent spécialement la direction, puisque aussi bien, logiquement, l'action du maître précède celle de l'élève.

1° Attacher une importance extrême aux premières notions que l'on donne à un enfant.

Ces premières notions doivent reposer sur une

base indestructible qui serve d'assise pour tout le développement ultérieur. Ce qui est présenté comme vrai au début, doit rester vrai jusqu'à la fin, en musique, comme en morale.

2° Amener l'enfant à comprendre tout ce qu'il fait et à se rendre toujours compte de la raison pour laquelle il fait telle chose, plutôt que telle autre. — On prépare ainsi, dès les premiers jours, le développement de l'esprit d'initiative.

Au contraire le travail machinal, ce fléau de l'éducation, non seulement fait perdre aux élèves un temps considérable, mais encore les rend impropres à toute étude élevée, de quelque nature qu'elle soit.

3° Mettre la direction des études de l'enfant en rapport avec son développement intellectuel et physiologique, de manière à ne lui demander que ce qu'il peut donner, mais *tout ce qu'il peut donner*.

Trop souvent, dans l'éducation, on exige d'un enfant un effort cérébral trop intense et l'on se contente d'une bonne volonté et d'une conscience insuffisantes. — Or, c'est précisément le contraire qu'il faut faire.

C'est, pour le professeur, affaire de tact d'utiliser même les défauts et les insuffisances du jeune âge.

Ainsi l'enfant aime le nouveau; alors quoi de plus intéressant pour lui que de s'adonner dès le début de ses études, à la lecture musicale? Déchiffrer devient une passion, et l'attention de l'enfant, sans cesse en éveil, l'amène souvent à jouer le morceau plus correctement à première vue que, lorsque l'ayant déjà joué plusieurs fois, sa curiosité n'est plus excitée et qu'il s'imagine naïvement n'avoir plus besoin de faire attention.

D'autre part le jeune cerveau de l'enfant ne peut être, sans inconvénient, appliqué longtemps au même travail. Il en résulte que la perfection artistique, celle que l'on n'atteint que par une étude prolongée et réfléchie, n'est point à la portée du jeune âge. Au contraire, les enfants possèdent le sens inné de la correction. Pour eux, bien jouer, c'est jouer *sans fautes*.

Il faut donc, dès le début, leur donner l'habitude et le goût de la parfaite correction, afin que cette qualité fondamentale se trouve acquise au moment de l'éclosion artistique.

La correction, qui, au piano, signifie l'observance exacte du texte et la netteté de l'exécution, n'est pas une qualité de premier ordre, mais c'est la première qualité qu'il faut acquérir, afin de pouvoir greffer sur elle les qualités artistiques qui, faute de cette base solide, n'arrivent jamais à leur complet épanouissement.

J'ai trouvé, pour inculquer aux élèves cette parfaite correction, un procédé spécial que j'appelle: LECTURE EXACTE.

J'ai livré ce procédé à la publicité il y a déjà plus de vingt ans, il commence à faire son chemin et, de temps à autre, j'entends parler de la *lecture exacte* par des personnes qui ne se doutent pas que c'est moi qui l'ai inventée. (Je vous dirai tout à l'heure en quoi elle consiste.)

4° Intéresser l'enfant à son travail en satisfaisant d'abord, dans la mesure du possible, ses tendances individuelles, jusqu'à ce qu'il ait acquis assez de raison pour accepter un travail sérieux en vue du but à atteindre.

On a beaucoup ri de cette parole devenue légendaire: « Je suis leur chef, il faut bien que je les suive! »

Et pourtant il y a une part de vérité dans cette facétie.

Pour que la leçon soit féconde, il faut que la volonté du maître et celle de l'élève soient à l'unisson.

Or, comment y arriver, si l'enfant déteste le piano et se montre indocile?

Avec les élèves dirigés dès le début d'après mes principes, aucun conflit n'est à craindre.

Ils comprennent tout ce qu'ils font, par conséquent s'intéressent à leur travail et, sans effort excessif, arrivent à vaincre successivement toutes les difficultés du piano.

Pour ces enfants-là, quand la leçon de piano n'est pas un plaisir (ce qui arrive souvent), elle n'est jamais un ennui.

Mais il n'en est pas de même lorsqu'il s'agit de remettre dans le bon chemin un élève dont les commencements ont été défectueux.

Critiquer sans blesser, corriger sans décourager, susciter le *vouloir apprendre* chez un enfant souvent hostile et buté, telle est la tâche malaisée du professeur.

Il ne parviendra à l'accomplir que par un double moyen : faire aimer la musique et faire aimer le maître. La bonne volonté découlera alors de l'affection et l'attention naîtra de l'attrait. Ici encore la lecture musicale est le remède souverain. Pour l'enfant qui lit bien, la cause de la musique est plus qu'à moitié gagnée.

Les principes de direction que je viens d'exposer sont, vous le voyez, Messieurs, d'un caractère général, je dirai même moral, et se peuvent appliquer à tout ordre d'études.

C'est l'originalité de cette méthode, d'avoir systématisé au bénéfice de l'enseignement du piano, un ensemble de principes pédagogiques qui, à priori, semblent devoir rester étrangers à la pratique de l'art musical.

Et cependant, selon la parole du regretté M. Henri Marion, la psychologie et la morale ne sont-elles pas les sources vives de la pédagogie ?

Enumérons maintenant d'autres principes de direction spécialement applicables au piano.

1° Etudier parallèlement, mais *séparément* au début de l'éducation musicale, les différentes branches du travail : lecture des notes, rythme et mesure, intonation, mécanisme des doigts, — afin de ne pas affronter à la fois, et mêlées les unes aux autres, plusieurs difficultés de *nature différente.*

Cette étude séparée, que j'ai été la première à introduire dans l'enseignement, est, à mes yeux, d'une importance capitale.

J'entends par *étude séparée,* faire apprendre, par exemple, la lecture des notes en s'adressant exclusivement aux yeux, sans y joindre d'abord le mécanisme, difficulté qui relève des doigts.

De même, je fais étudier d'abord le mécanisme des doigts à part, sans y ajouter la difficulté de lecture. L'enfant, sous la dictée du professeur, construit lui-même son exercice et le joue sans musique.

Ces deux difficultés, le mécanisme et la lecture, sont, non seulement d'ordre différent mais encore contradictoire, puisque la lecture appelle l'action des yeux sur la musique, et que le mécanisme réclame l'action des yeux sur les doigts.

Lorsque ces deux difficultés sont présentées à la fois, elles exigent, pour être vaincues, un si grand effort de la part d'un jeune enfant, qu'il ne faut pas chercher ailleurs la cause de l'aridité des premières études de piano, et le dégoût qui, trop souvent, s'ensuit.

Par l'étude séparée, bien que parallèle, des différentes branches du travail, chacune d'elles peut être prise à son point de départ et développée méthodiquement dans une progression mathématique.

Si, au contraire, l'étude en est confondue, chaque fait musical, au lieu de se relier à l'enchaînement des faits précédents de même ordre, est obscurci par l'entourage de faits étrangers.

De là, dans l'esprit de l'élève, des lacunes et des équivoques.

Tel un tableau, dont les personnages groupés sont présentés l'un de face, l'autre de profil, le troisième de trois quarts. Le spectateur a une vue d'ensemble, mais il ne connaît pas chacun de ces visages à fond, ne les ayant pas considérés individuellement sous tous leurs aspects.

Et qu'on ne croie pas que cette étude séparée des différentes branches amène une difficulté quelconque lorsqu'il s'agit de les réunir dans l'exécution.

Chaque notion étant à sa place dans le cerveau de l'élève, toutes les notions se relient les unes aux autres d'elles-mêmes, et sans qu'on ait à s'en occuper.

2° Etudier chaque branche du travail sous ses deux faces : la pratique et la théorie.

Sans la connaissance du système musical, l'élève parle une langue sans comprendre la signification des mots qu'il emploie.

Mais la théorie musicale ne doit pas être apprise comme une simple récitation où la mémoire seule est en jeu.

L'enfant doit être tout d'abord initié aux faits musicaux par le témoignage de ses sens : l'ouïe et la vue. Un exercice pratique combiné pour un objet spécial, frappe l'oreille et donne la sensation du fait d'intonation ou de rythme qu'il s'agit de percevoir.

Après la chose vient le nom.

Un tableau figuratif présente ensuite aux

yeux la forme matérielle qui rend l'idée sensible (1).

3° Utiliser la mémoire des yeux, toujours comme auxiliaire, quelquefois comme facteur principal.

Dans les tableaux figuratifs que je viens de vous montrer, la mémoire des yeux est un auxiliaire. Elle aide à faire comprendre les faits. Elle sera l'agent principal dans une étude toute spéciale, celle de la lecture des notes sur toutes les clés.

Il faut bien croire que l'étude des clés est plus difficile que ne le pensent *ceux qui les savent*, puisque tant d'élèves, les jeunes gens surtout, sont rebutés par ce travail.

Pour simplifier l'étude des clés, j'ai imaginé de représenter les 7 noms de notes par les 7 couleurs du prisme.

Rouge	signifie	invariablement	Do
Bleu	„	„	Sol
Vert	„	„	Fa

Etc., etc.

Sur les portées ordinaires les notes ne prennent une physionomie individuelle, ne *disent*

---

(1) Mlle Parent donne ces explications et celles qui vont suivre, en montrant divers tableaux qui concernent le rythme, la tonalité et la lecture sur les portées coloriées.

leur nom, qu'au lecteur qui connaît bien la clé qu'il lit.

Toutes les dames ici présentes sont familiarisées avec la clé de sol et la clé de fa, les deux clés usitées pour le piano.

Si j'appuyais ma démonstration sur ces deux clés connues, j'enfoncerais une porte ouverte.

Je vais donc prendre pour exemples les clés moins usitées de fa 3ᵉ ligne et d'ut 2ᵉ ligne.

Vous êtes probablement, Mesdames, à l'égard de ces deux clés, dans la situation où se trouvent les enfants qui commencent.

Dans l'étude des clés par la méthode ordinaire, c'est à force de calculer les places respectives des notes, que l'on arrive à les distinguer les unes des autres.

La mémoire des yeux ne joue un rôle que lorsqu'on sait la clé. Elle est donc un résultat du travail, au lieu d'être un moyen d'apprendre.

Il ne faut pas croire que lorsque l'enfant a appris les notes au moyen des couleurs, il se trouve plus gêné de lire ultérieurement sur les portées noires ordinaires.

C'est le contraire qui arrive.

L'œil, frappé de la place respective des couleurs, en garde l'image intérieure et voit chaque couleur, par conséquent chaque note, sur la portée noire aussi clairement que si son nom était écrit. Toute personne qui a étudié la géographie à l'aide d'une carte, ne voit-elle pas mentalement, en pensant à une ville, la place occupée par celle-ci ?

Vous n'imaginez pas, Messieurs, la simplification que ce procédé apporte dans le travail de la lecture musicale. Pour les enfants qui commencent, les portées coloriées représentent une image qui les charme. Pour les élèves avancés qui apprennent toutes les clés en vue de la transposition au piano, les portées en couleurs sont la carte de géographie qui fixe les places dans leurs yeux.

Dans la transposition, comme dans la lecture en clé de sol et de fa, l'emploi des couleurs permet d'apprendre deux clés à la fois, *l'une par l'autre*.

Après cette longue digression dans le domaine technique, revenons à l'énumération des principes de pédagogie.

4° Rattacher chaque fait particulier à la loi générale dont ce fait relève, afin que les indications données par le maître sur *un* morceau puissent servir pour *tous* les morceaux.

On arrive à ce résultat en faisant comprendre à l'élève les raisons générales qui déterminent tel mode de travail, qui justifient telle interprétation ; en excitant l'élève à chercher et à comparer ; en encourageant ses « pourquoi » et ses « comment » ; enfin en l'habituant à se servir de ce qu'il sait, pour trouver ce qu'il ne sait pas.

5° Développer la personnalité artistique de l'élève, au lieu de faire de celui-ci la copie du maître.

L'enfant chez lequel on remarque quelque chose de personnel, doit être conduit d'une main délicate et légère.

En l'assujettissant étroitement et lourdement à la règle commune, on risquerait d'étouffer dans son germe ce don si précieux.

M. André Maurel raconte plaisamment dans le *Figaro*, ce que disait Bizet, un artiste personnel, celui-là ! d'une enfant qui est devenue, elle aussi, une artiste bien personnelle, Mlle Cécile Chaminade :

« Cette petite est absolument douée. Il semble qu'elle ait inventé l'harmonie. Il faut lui donner tous les moyens de s'instruire.

« Faites-lui aussi entendre de la bonne musique, cela ne nuit jamais ... mais surtout... *surtout*... que personne ne... l'ennuie » (le mot était plus énergique).

C'est par le travail de perfectionnement que l'élève arrive à dégager sa personnalité.

Le perfectionnement est la recherche d'un idéal artistique.

Or, ce n'est que par la poursuite incessante de cet idéal que l'on arrive parfois à s'en approcher.

Le professeur, dans ce cas, doit éviter d'imposer une interprétation toute faite pour chaque note du morceau à l'étude, mais au contraire pousser l'élève dans la voie des trouvailles personnelles, tout en le maintenant, par une critique sévère, dans le respect de la tradition.

Le professeur qui a développé la personnalité de ses élèves, les marque néanmoins de son empreinte par l'ensemble des qualités d'école qu'il leur transmet.

Mais au lieu de leur infliger à tous une même ressemblance par le décalque d'un modèle imposé, le maître préserve leur originalité native, donne essor à leur sentiment individuel et fait jaillir en eux l'étincelle divine de l'art !

III

Nous en avons fini maintenant avec les principes de direction. — J'aurais voulu vous parler dès aujourd'hui des principes de virtuosité et de travail, surtout de la LECTURE EXACTE, qui est une des caractéristiques de mon enseignement. — Mais l'heure me presse, ce sera donc pour ma prochaine leçon.

Avant de nous séparer, je veux vous nommer seulement les établissements scolaires dont je vous détaillerai, le 1er juin, l'organisation très particulière. — C'est d'abord une école préparatoire au professorat du piano, que j'ai fondée en 1882. — Ensuite deux écoles d'application, sous forme de cours d'amateurs, où les aspirantes-maîtresses font leur stage professionnel en qualité de répétitrices.

Enfin une association, créée également par moi en 1882, qui imprime à ces trois fondations le même esprit, les mêmes fins, la même règle. — Pour faciliter la tâche des élèves et des professeurs, j'ai fixé les principes de ma méthode dans un ensemble d'ouvrages didactiques.

Plusieurs se sont étonnés de me voir livrer à la publicité, par conséquent à l'hostilité des uns, autant qu'à la bienveillance des autres, des procédés tout personnels dont j'aurais pu ne faire bénéficier que les adeptes de mon école. — Mais, vous le savez, Messieurs, parmi les professeurs, comme parmi les médecins, il y a les avares et les prodigues ; ceux qui dispensent leur science avec parcimonie en la mesurant aux besoins immédiats du malade ou de l'élève, et ceux qui, sans compter, jettent la semence à pleines mains pour voir germer les idées qu'ils croient fécondes.

Je suis parmi les prodigues. Je crois que le professeur doit dire tout ce qu'il sait, se donner sans réserve, livrer en dix minutes d'enseignement la quintessence de ce qu'il a lui-même appris en dix années d'expérience personnelle.

Telle est ma profession de foi.

Permettez-moi, Messieurs, de la résumer en une pensée qui a été ma constante devise :

Toutes les leçons du maître doivent tendre à ce but :

Apprendre à l'élève à se passer de lui.

HORTENSE PARENT.

2ᵉ CONFÉRENCE[1]

1ᵉʳ *Juin* 1896

I

Mesdames, Messieurs,

Avant d'aborder les matières qui font l'objet de cette seconde leçon de pédagogie musicale, permettez-moi de résumer brièvement ce qui a été dit à la première.

Vous avez vu par quelle suite d'observations faites sur le vif pendant la première moitié de ma carrière, j'ai été amenée à sortir des routes tracées, et à concevoir une méthode qui, sans cesser d'être artistique, fût en même temps vulgarisatrice, afin de répondre aux besoins d'une époque où toutes les jeunes filles, douées ou non pour la musique, apprennent le piano.

M'inspirant des principes pédagogiques en

(1) Cette conférence est publiée exactement telle qu'elle a été dite.

honneur aujourd'hui, ceux qui amènent l'élève
à comprendre et à penser, et tout en laissant aux
dons naturels le rôle considérable qu'ils jouent
dans l'étude de tous les arts, j'ai établi mon enseignement sur des bases intellectuelles.

Aux deux facteurs artistiques, sur lesquels a
été fondé jusqu'ici, l'enseignement de la musique : l'intuition et l'imitation, j'ai ajouté l'intelligence générale et le raisonnement.

Ma méthode, qui est à la fois une méthode
d'application et une méthode de transmission,
est fondée sur un ensemble de principes, les uns
de pédagogie, concernant spécialement la direction, les autres de virtuosité, concernant le travail et l'exécution.

J'ai parlé longuement des principes de direction, je n'y reviendrai donc aujourd'hui que
pour en rappeler sommairement les trois points
principaux :

1° Développer l'initiative personnelle de l'é-
lève dans la mesure la plus large. — Former
son intelligence et son jugement en l'habituant
à tout comprendre et à tout raisonner. Recher-
cher ensuite la personnalité artistique de l'élève
et l'aider à la dégager, au lieu de faire de lui la
copie du maître.

2° Décomposer toutes les difficultés, de quel-

que nature qu'elles soient, en les réduisant d'a-
bord à leur plus simple expression — et n'en
présenter jamais qu'*une seule à la fois.*

3° Parler aux sens en même temps qu'à l'esprit, montrer la chose avant le mot, et, par la
figuration matérielle des faits musicaux, faire
voir à l'enfant ce que son jeune cerveau pourrait
se refuser à comprendre.

Quant à l'esprit de ma méthode, il se trouve
résumé dans cette pensée: Toutes les leçons du
maître doivent tendre à ce but : *apprendre
à l'élève à se passer de lui.*

II

Abordons maintenant les principes de virtuosité lesquels, avec une courte analyse de mes ouvrages et l'historique de mes fondations scolaires, font l'objet de cette seconde leçon.

Tout d'abord, je distingue trois modes d'exécution dont la culture doit être parallèle et simultanée pendant tout le cours de l'éducation musicale :

La lecture à première vue qui fait aimer le piano.

L'exécution non perfectionnée mais correcte, facile et à très courte échéance, qui permet de jouir de la musique et d'en faire jouir les autres, sans les inconvénients d'une étude trop prolongée.

Enfin, le perfectionnement ou exécution artistique qui mène au talent et permet à l'élève de se constituer un *répertoire*.

Les moyens qui font atteindre le but que je viens de proposer, peuvent être résumés en six points :

1° L'art d'étudier, sans lequel les heures passées au piano demeurent improductives.

2° La correction absolue prise pour base de toute exécution, qu'il s'agisse de lecture ou de perfectionnement.

3° L'étude approfondie du mécanisme des doigts, non seulement dans chaque morceau appris, mais aussi d'une manière générale, au moyen d'un cours d'exercices, *transposés dans tous les tons.*

4° Le développement de la mémoire musicale dès le début des études, et appuyée sur le raisonnement, de manière à créer une mémoire de *tête*, à l'usage des élèves à qui la nature a refusé la mémoire de l'oreille.

5° L'étude raisonnée de la pédale qui présente une difficulté relevant de l'intelligence: l'appréciation judicieuse de son emploi — et une difficulté de mécanisme: la dextérité et l'indépendance du pied.

6° La connaissance approfondie des différentes attaques de la touche.

L'abondance des matières de cette leçon, ne me permet de développer ici que les points principaux.

La correction absolue doit être prise pour base de toute exécution, avons-nous dit. J'entends par là, non point la correction obtenue par les rectifications multipliées du professeur qui, à chaque leçon, corrige de nombreuses fautes, mais la correction spontanée de l'élève, qui joue avec exactitude parce qu'il a appris à voir, dès la première lecture, tous les détails du texte musical; non seulement les notes et les valeurs, mais les accents, les tenues, les doig- tés; en un mot: tout.

L'expérience m'a démontré que les élèves qui n'ont pas appris à *voir*, déchiffrent, les uns facilement, les autres difficilement, mais presque tous, incorrectement.

Or, en musique comme dans le langage, l'élève qui ne sait pas lire une leçon *sans fautes,* étudie ses fautes en étudiant sa leçon.

Cette observance exacte du texte qui constitue la correction, et qui semble impossible à exiger dès la première lecture d'un morceau, je l'obtiens de toutes les élèves, douées ou non, au moyen d'un procédé que j'appelle LECTURE EXACTE.

La lecture en usage, que j'appelle *Lecture courante,* est destinée à donner au lecteur une idée générale du morceau qu'il lit, sans tenir compte des inexactitudes qui se glissent dans l'exécution.

La *lecture exacte* a pour objet, au contraire,

de prévenir toutes les fautes qui, une fois faites à la première lecture, reviennent obstinément sous les doigts de l'élève. — On voit par là que la lecture exacte est un procédé de travail, la première étape par laquelle doit passer tout morceau que l'on veut étudier sérieusement.

La lecture exacte comporte, avons-nous dit, non seulement l'exactitude des notes et de la mesure, mais aussi celle de l'accentuation.

Or, c'est là surtout ce qui manque dans la lecture à première vue, chez la plupart des amateurs.

On confond trop souvent l'accentuation avec les nuances, tandis qu'elle doit en rester indépendante.

L'accentuation rythmique est la base de la diction musicale. Elle répond, à la fois, à la prononciation et à la ponctuation dans le langage.

Sans ponctuation, pas de sens littéraire ; sans accentuation, pas de sens musical.

Observée spontanément par l'élève, l'accentuation rend le jeu vivant et musical, même à la première lecture.

Par elle, deux personnes, déchiffrant à quatre mains pour la première fois, ont l'air d'avoir l'habitude de jouer ensemble, tant leur rythme est précis, tant leur allure est identique.

Les élèves très douées accentuent souvent bien sans savoir pourquoi.

La pratique de la lecture exacte donne à toutes les élèves l'air d'être bien douées, parce qu'elles savent ce qu'elles font.

C'est par l'accentuation spontanée que j'obtiens, dans l'exécution des morceaux d'ensemble à douze et à dix-huit mains, cette précision qui rappelle les exercices militaires.

Lorsque l'accentuation est ajoutée après coup, par les indications du professeur, l'exécution de l'élève trahit l'inintelligence et l'imitation, comme ces fables récitées par des enfants auxquels on a seriné des intonations dont ils ne comprennent pas la valeur.

Les signes d'accentuation étant indiqués sur le texte musical, l'habitude d'observer ces signes découle tout naturellement de la lecture exacte.

Pour les lois esthétiques qui règlent l'accentuation, elles ont été formulées par M. Mathis Lussy dans son excellent livre : « Le Rythme musical, » qui fait autorité en cette matière.

M. Lussy a mis pour épigraphe à ce livre : « Le rythme est la probité de la musique. »

Je dis à mon tour : « L'accentuation est la probité de l'interprétation. »

Veuillez remarquer, Messieurs, que la lecture exacte, en amenant l'élève à déchiffrer et à étudier correctement sans le secours du professeur, a pour conséquence absolue et définitive, l'abolition du *serinage*, contre lequel, toute ma vie, j'ai livré le bon combat !

Le mécanisme doit être formé à un point de vue général, avec application ultérieure à l'étude de chaque morceau.

Je fais étudier toutes les difficultés de mécanisme en décomposant chacune d'elles en autant de difficultés partielles qu'elle en contient, et je n'en présente jamais qu'une seule à la fois.

Chaque difficulté est enchâssée dans un exercice spécial qui est étudié par cœur et transposé dans tous les tons.

Cette transposition des exercices, souvent très difficile pour les élèves qui n'y ont pas été accoutumées, est faite presque naturellement par les enfants commencés d'après ma méthode.

Quant au travail préparatoire de mécanisme qu'il faut appliquer à tout morceau avant d'en observer les nuances, écoutez ce qu'en dit Beethoven lui-même.

Ce grand homme, en confiant à Czerny l'éducation musicale de son neveu, lui adressait ces paroles :

« Pour ce qui est des morceaux que vous lui ferez apprendre, je vous prie de lui montrer à jouer toutes les notes en mesure et seulement quand il ne fera plus de fautes et qu'il aura acquis un bon doigté, vous lui donnerez les indications concernant l'interprétation. »

L'attaque de la touche doit être considérée comme la clé de voûte de l'exécution puisqu'elle en est tout le charme.

L'attaque de la touche qui résulte de la pose de la main, du mouvement des doigts, du plus ou moins de souplesse naturelle ou acquise, produit les différentes qualités de son. — Vous savez toutes, Mesdames, combien il est agréable d'entendre un pianiste qui a un *joli toucher*, une sonorité à la fois douce et ample !

Et combien, au contraire, la sécheresse et la dureté sont déplaisantes à l'oreille !

L'attaque de la touche pour le pianiste, c'est l'émission de la voix pour le chanteur.

Certaines voix sont naturellement bien posées et d'un timbre sympathique, comme certaines mains, par leur conformation physique, possèdent à l'état latent, pour ainsi dire, un toucher moelleux et les éléments d'une belle sonorité.

Mais c'est par le travail seul que l'on s'assimile les procédés qui permettent de varier, à l'infini, les modifications de la sonorité.

Thalberg, que la jeunesse d'aujourd'hui ne connaît plus, fit révolution par la qualité et la puissance du son qu'il tirait du piano. C'est à l'attaque de l'avant-bras qu'il devait cette sonorité exceptionelle. Le Couppey vulgarisa dans son enseignement, les procédés qui constituent l'attaque de l'avant-bras.

Aujourd'hui, presque tous les pianistes emploient cette attaque, mais beaucoup le font d'instinct, par don naturel. Très peu de professeurs expliquent méthodiquement à leurs élèves les différentes manières d'attaquer la touche, et les circonstances où il est judicieux d'en faire usage.

Nous avons dit, à la dernière leçon, que le professeur, au lieu de mettre, au moyen du serinage, chaque morceau *dans les doigts de l'élève*, doit mettre l'élève, par le développement de l'initiative personnelle, en état de jouer tous les morceaux.

Or, lorsque l'élève a acquis, par un travail méthodique et raisonné, les qualités de la virtuosité : une belle sonorité, la correction absolue, l'accentuation intelligente et spontanée, le mécanisme des doigts, l'entente de la pédale, la mémoire musicale, il possède ce que j'appelle : « un capital de talent ». Alors, au lieu d'acquérir péniblement dans l'étude de chaque morceau, le degré de virtuosité nécessaire à son exécution, l'élève applique à priori, à toute exécution, qu'il s'agisse de lecture ou de perfectionnement, la somme de virtuosité acquise qui représente, en quelque sorte, les *revenus* de son capital de talent.

Telles sont les grandes lignes de ma méthode.

Je ne saurais entrer ici dans des détails absolument techniques, et donner, en Sorbonne, une leçon de piano !

C'est dans mes ouvrages que l'on trouvera, (si l'on en est curieux) l'indication de tous mes procédés. — Je les ai expliqués avec la sincérité dont je me fais, comme je vous l'ai dit, un devoir professionnel.

III

J'ai annoncé une courte analyse de mes ouvrages.

Les uns ont pour objet l'étude approfondie d'*une* des branches du travail, traitée *séparément*, selon le principe que j'ai développé à ma première leçon.

Les autres concernent spécialement *l'art d'étudier*.

Voici les titres des premiers : les *Bases du mécanisme* en cinq parties. *Gammes et arpèges* en trois parties. *Rythme et mesure* en quatre parties. *Lecture des notes sur toutes les clés* en trois parties, et *Méthode de transposition*.

Dans tous ces ouvrages, la branche étudiée est prise à son point de départ et développée méthodiquement, du très facile au difficile. Chaque ouvrage présente d'abord une partie pratique, puis une contre-partie théorique.

Pour rendre l'étude des clés plus attrayante à la fois et plus facile, j'ai fait usage d'un procédé fondé sur la mémoire des yeux.

« De tous les sens de l'enfant, le plus développé est celui de la vue », a dit M. Legouvé.

Dans mon traité de lecture, les sept notes sont représentées par les sept couleurs du prisme.

Pour l'élève sérieuse, ou pour l'adulte qui se met tard à l'étude des clés, l'emploi des couleurs, c'est la carte de géographie que l'on voit mentalement alors même qu'on ne la regarde plus, et qui fixe, dans les yeux, sans fatigue, ce qu'il faudrait retenir par un effort machinal de la mémoire.

Pour l'enfant, c'est l'image coloriée qui l'instruit en le charmant.

On me citait hier le mot d'un petit garçon qui entendait précisément discuter cette question des couleurs.

« Ces portées coloriées me paraissent bien inutiles, disait une dame ; d'abord on a toujours appris les notes sans cela, ensuite cela fait deux choses à apprendre au lieu d'une. »

— « C'est pas inutile du tout », s'écrie le petit garçon qui a appris ainsi, en quelques jours, les deux clés de sol et de fa.

« D'abord, si les notes étaient noires, ça ne m'amuserait plus du tout de les apprendre ! » Ce jeune élève est le petit-fils du général Faidherbe.

Pour donner satisfaction à la dame qui n'aime pas les couleurs et aux personnes qui partagent son avis, je m'empresse de dire que l'on peut faire usage de mon traité de lecture sur toutes les clés, en restant dans la tradition des portées ordinaires, car tous les exercices y sont présentés en double : coloriés et non coloriés.

J'insiste sur ce point : l'emploi des couleurs est *un des procédés* de ma méthode, mais il ne constitue pas *ma méthode*.

Voici les titres des petits volumes en texte consacrés à l'art d'étudier, c'est d'abord : *La méthode dans le travail, conseils pratiques*, puis la *Lecture musicale appliquée au piano* où je « dévoile tous les secrets » de la lecture exacte.

Enfin, l'*Étude du piano*. Ce petit livre, mon premier né, a été écrit, au bruit rythmé du canon, pendant les sinistres veillées du siège de Paris et de la Commune.

Car, pendant la guerre, les professeurs n'ont pas cessé leur travail.

C'était, pour l'esprit, la seule détente possible pendant ces jours douloureux.

Je me souviens que le 5 janvier 71, premier jour du bombardement de Paris, j'ai fait ma classe rue Séguier, au cours Le Couppey. — Je dois convenir que les élèves n'étaient pas nombreuses, et que les lugubres *sforzandos* des bombes donnaient une accentuation inusitée à nos morceaux de piano.

Plus tard, le lundi de la semaine sanglante, j'arrivai, rue Séguier, au moment où tout le personnel de la maison se disposait à descendre dans les caves. On me renvoya au plus vite, et non sans raison. Un quart d'heure plus tard tout le quartier était à feu et à sang. — Une balle vint même me rendre visite à mon cinquième.

———

La pierre de touche de toute méthode est d'être appliquée par un autre que son auteur.

Cette expérience est faite pour la mienne. Mais je dois prévenir les jeunes professeurs que, pour se rendre compte de la portée de mes ouvrages, il ne suffit pas de les parcourir, il en faut faire l'application sur des élèves.

Tous les exercices sont rigoureusement originaux, mais, par la décomposition des difficultés, leur aspect est si peu compliqué qu'il est malaisé, en les regardant pour la première fois, de découvrir d'emblée, sous cette simplicité apparente et *voulue*, les recherches et les combinaisons au moyen desquelles je me suis efforcée de faciliter la tâche du professeur et celle de l'élève.

La simplicité empêche souvent de saisir, *à priori*, l'originalité.

L'extrême clarté donne la sensation de l'évidence. — Or, il semble que ce qui est évident, a toujours été connu.

IV

Avant de vous faire l'historique de mes fondations scolaires, je veux vous dire comment j'en conçus l'idée, et quelle fut la circonstance qui me révéla ma vocation pédagogique.

Le mot *pédagogie* est aujourd'hui dans toutes les bouches, parce que la chose a pénétré dans les mœurs intellectuelles de notre temps. Mais, avant la guerre, on ne pouvait pas prononcer ce nom : pédagogie, sans se donner une teinte de pédantisme, sinon de ridicule.

C'était précisément quelques mois avant la guerre; je donnais des leçons depuis longtemps déjà (depuis ma sortie du Conservatoire), mais j'étais encore trop jeune pour avoir pu former des professeurs.

Un jour, je reçus la visite d'une jeune femme récemment ruinée, qui m'était adressée par des amis de province. — Obligée de travailler pour vivre, elle désirait s'occuper d'enseignement et voulait s'y préparer sous ma direction.

Jusque-là, j'avais toujours vu, autour de moi, que la préparation au professorat consistait à acquérir le plus de virtuosité possible.

Le jeune professeur faisait ensuite faire à ses élèves ce qu'il avait fait lui-même, et l'expérience personnelle, venant avec le temps, développait peu à peu, chez le professeur, les facultés enseignantes qui pouvaient se trouver, à l'état latent, dans son organisation.

Imbue de ces idées traditionnelles, je voulus juger du talent de la jeune femme et la priai de se mettre au piano.

Elle avait environ vingt-six ans. — Elle me joua les sonatines de Clementi op. 36, livre I. — Les musiciens qui sont ici savent que ces morceaux conviennent aux enfants de sept à neuf ans. — Vous jugez de ma stupeur !...

La jeune femme m'apprend alors qu'elle avait commencé le piano seulement deux années auparavant, qu'elle adorait la musique, que l'enseignement l'attirait et qu'elle se sentait la force et la volonté nécessaires pour réussir, si je voulais l'y aider.

Convaincue que la foi transporte les montagnes et que le travail accomplit des miracles, séduite par l'originalité même de la tentative, je me décidai à faire l'expérience.

« Madame, lui dis-je, je veux bien essayer de faire de vous un professeur.

« Mais, pour ce qui est de la virtuosité, il n'y

faut plus penser, il est trop tard. — Vous étudierez le piano au point de vue spécial de l'enseignement.

« Quant à jamais vous faire entendre de vos élèves, interdiction absolue. — Vous aurez un rhumatisme dans le poignet à perpétuité !...»

Pour faire un bon professeur d'une pianiste qui n'existait pas, j'eus recours à toutes les ressources de l'intelligence et du raisonnement.

Je décomposai tous mes procédés de travail pour les lui faire comprendre et la mettre en état de les appliquer elle-même.

Je jouai le rôle de l'élève, lui faisant jouer celui du professeur, afin de l'habituer à expliquer clairement ce qu'elle n'était pas en mesure de démontrer par la pratique.

Bref, j'inaugurai, à son bénéfice, la *pédagogie musicale appliquée au piano.*

Nos communs efforts furent couronnés d'un plein succès. Cette jeune femme devint un très bon professeur, en état de donner d'excellentes leçons, même à des élèves très avancées en virtuosité.

Son enseignement ne pouvait, et pour cause, s'appuyer sur l'imitation, (ce facteur dont j'ai tant parlé l'autre semaine). — Mais personne ne songeait à s'en plaindre, tant les autres facteurs étaient intelligemment mis en demeure de remplacer leur confrère absent.

Tel a été mon début dans la préparation au professorat.

Ce début ayant réussi, d'autres personnes me demandèrent des leçons d'enseignement ; et, tout en continuant à former des élèves de piano, je me mis à former aussi des professeurs.

Au bout de quelques années, je pensai qu'au lieu de disperser mes efforts et de recommencer toujours individuellement la même préparation professionnelle, il y aurait avantage à centraliser mon enseignement sous forme de *cours*.

J'ouvris, à titre d'essai, un cours du soir.

C'était pendant le rigoureux hiver de 1879.

De jeunes professeurs m'arrivaient des plus lointains quartiers, et c'était vraiment touchant de les voir braver la neige et le verglas pour venir écouter ma parole et s'initier à cette pédagogie musicale qui leur ouvrait des horizons nouveaux.

Pendant ces années d'expérimentation, où la nécessité d'une préparation spéciale pour les jeunes professeurs s'imposait de plus en plus à mon esprit, j'étais frappée du nombre toujours croissant de jeunes femmes du monde qui, perdant le mari ou le père qui les faisait vivre, obligées du jour au lendemain de se créer des moyens d'existence, s'improvisaient maîtresses de piano, parfois sans talent, toujours sans pré_paration, et venaient me demander de leur procurer des élèves

Or, procurer des élèves à une personne incapable, c'est, pour un professeur, trahir la confiance des familles qui s'adressent à lui.

J'eus alors l'idée d'aider ces femmes courageuses en leur donnant, à défaut d'élèves, les connaissances musicales qui leur manquaient.

Et c'est ainsi que deux mobiles, nés d'un point de départ différent : le souci artistique de l'enseignement et la sympathie pour le malheur, m'amenèrent à penser que mon embryon de cours de pédagogie pourrait être transformé en une véritable école préparatoire au professorat du piano.

Mais les dépenses nécessaires à l'établissement d'une pareille école dépassaient de beaucoup ce que mon initiative personnelle pouvait réaliser : les frais de premier établissement, un local, des pianos, un mobilier scolaire, et, avant tout, une bibliothèque musicale où les élèves trouveraient gratuitement la musique indispensable à leurs études.

Je fis alors appel à toutes les bonnes volontés.

— J'ouvris une souscription sous les auspices d'un comité de patronage, composé d'hommes distingués d'opinions très diverses, mais également soucieux de protéger le travail des femmes dans la société.

Mon appel fut entendu. — Mes amis, mes élèves, m'apportèrent leur offrande.

Enfin, la regrettée Mme Erard, à qui la reconnaissance des artistes avait donné le surnom touchant de « mère des pianistes », Mme Erard, par l'importance du don qu'elle voulut bien faire, rendit possible la réalisation de mon projet.

Le montant de la souscription fut consacré tout entier à la création de la bibliothèque.

Comme il ne restait rien pour le local et le mobilier scolaire, je résolus de faire les cours chez moi.

Dès lors, l'école pouvait s'ouvrir, et elle s'ouvrit en effet, le 31 octobre 1882.

V

Permettez-moi d'esquisser à grands traits l'organisation actuelle de cette école de pédagogie. — Son nom : *École préparatoire au professorat du piano*. — Son double but, moral et artistique :

Venir en aide aux personnes qui, soit par vocation, soit par revers de fortune, se destinent au professorat du piano, en mettant à leur disposition un enseignement technique et professionnel.

Élever le niveau de l'enseignement élémentaire du piano.

Cet enseignement, d'une importance capitale, puisque mal dirigé il compromet l'avenir musical des élèves, est, le plus souvent, livré au hasard des circonstances.

Le professorat du piano, s'exerçant sans contrôle, semble être une carrière que l'on peut embrasser sans préparation.

Delà, un effroyable encombrement de nullités.

La plupart des mères de famille se contentent

d'un professeur quelconque pour commencer leurs enfants.

Les plus exigeantes ne peuvent, d'ailleurs, juger que du talent d'exécution d'un jeune professeur.

Or, on ne saurait trop le répéter : bien jouer du piano soi-même n'implique en aucune façon la faculté de bien enseigner à en jouer. La pédagogie et la virtuosité sont deux branches distinctes qu'il faut cultiver parallèlement. Faute de procéder ainsi, le jeune professeur, pianiste habile ou pianiste médiocre, n'apprend à professer qu'en professant et n'acquiert une expérience tardive qu'aux dépens des élèves qu'on lui confie.

Notre école se propose d'épargner aux jeunes professeurs les hésitations, les doutes, les découragements qui proviennent de l'inexpérience, et de les aider à acquérir en dehors et à côté de la virtuosité, les qualités spéciales qui font le professeur et qui constituent *l'art de transmettre clairement et agréablement à d'autres ce que l'on sait soi-même.*

L'instruction donnée à l'école comprend un cours oral de pédagogie musicale, que je fais moi-même, et un ensemble de cours complémentaires faits par les professeurs que j'ai formés.

Le cours de pédagogie a lieu tous les vendredis.

Au piano, tout le temps, j'exécute ou je commente la musique qui est à l'étude. J'analyse le morceau au point de vue spécial de l'enseignement, j'attire l'attention des aspirantes-maîtresses sur toutes les difficultés qui s'y rencontrent, j'indique les moyens propres à vaincre ces difficultés.

Je montre par l'exemple, comme par le précepte, comment il faut étudier, comment il faut expliquer, comment il faut interpréter.

A la création de l'école, j'avais cru devoir fixer au cours de pédagogie une durée de trois années.

L'expérience m'a appris qu'il valait mieux procéder autrement.

Telle élève a pu, après trois mois de cours, commencer à donner de bonnes leçons. A telle autre il a fallu trois ans.

Les jeunes filles qui viennent exprès de leur province s'installer à Paris pour suivre les cours de l'école, ne peuvent guère disposer que d'une année.

D'autres enfin, professeurs libres dont l'éducation professionnelle est faite et parfaite continuent à assister au cours parce que la pédagogie les intéresse. « On n'a jamais fini d'apprendre » a dit Schumann.

Ayant des auditrices dans des conditions si différentes je m'arrange à donner pâture à toutes.

Les cours complémentaires ont pour objet l'application pratique et individuelle des préceptes, formulés au cours de pédagogie.

Nos cours complémentaires comprennent : le piano, le solfège, la lecture exacte et courante, la transposition et l'harmonie.

Dans chacun de ces cours, l'aspirante-maîtresse remplit tour à tour le rôle d'élève et le rôle de professeur.

Nous avons, en outre, un cours de piano au point de vue de la virtuosité, à l'usage des aspirantes-maîtresses qui ont le loisir de cultiver leur talent personnel d'exécution.

La bibliothèque comprend actuellement environ 900 volumes cartonnés, représentant la presque totalité de l'œuvre des maîtres classiques du piano et, à 20 ou 25 exemplaires, tous les ouvrages didactiques nécessaires à l'éducation professionnelle des aspirantes-maîtresses.

Notre bibliothèque est circulante afin que chaque élève puisse emporter à domicile la musique qu'elle doit étudier.

Nous ne demandons aux élèves que de soigner cette musique et de la rendre quand elles quittent l'école.

Si j'étais méchante, je dirais, tout bas, que si modestes que soient ces exigences, nous n'obtenons pas toujours satisfaction.

La bibliothécaire sait le nombre de lettres qu'elle est obligée d'écrire pour faire rentrer au bercail, plus ou moins avariés, les cahiers qui font l'école buissonnière.

Mais il y a, comme vous savez, deux sortes de bibliothécaires : ceux qui aiment tant les livres qu'ils voudraient leur épargner toute fatigue, dussent-ils ne jamais servir ; et ceux qui sont si pénétrés de l'utilité de ces mêmes livres, qu'ils ne trouvent jamais leur service assez actif.

Le professeur délégué à la bibliothèque et moi-même, nous sommes de ces derniers.

Nous excitons à la consommation et nous oublions volontiers les méfaits des élèves pour ne songer qu'aux bienfaits des livres.

Telle est l'organisation de l'école préparatoire au professorat du piano.

Elle comptait 20 élèves au début; elle en compte une centaine aujourd'hui.

Le fonctionnement de l'école de pédagogie m'amena à penser que les aspirantes-maîtresses, après avoir fait des études personnelles au point de vue de l'enseignement, devraient pouvoir s'exercer à donner des leçons en faisant un *stage* professionnel. C'est ainsi que je conçus l'idée d'une école d'application, sous forme de cours pour les jeunes filles du monde.

Cette école d'application, dont le siège est rue de Buci, 12, a été ouverte le 3 novembre 1891. Tous les cours y sont faits sous ma direction, et d'après les programmes d'études que j'ai tracés, par des professeurs expérimentés, formés antérieurement à l'École de pédagogie.

Dans l'intervalle des cours qui ont lieu une fois par semaine, des répétitions particulières sont données au domicile des élèves, par celles des aspirantes-maîtresses qui ont subi avec succès un examen de capacité.

Le stage des aspirantes-maîtresses se fait ainsi dans les conditions les plus favorables, elles acquièrent de l'expérience sans encourir de responsabilité.

Le succès de cette première école d'application a été tel, que j'ai dû en ouvrir une seconde sur la rive droite, rue Joubert, 33.

Pour terminer l'esquisse de ces établissements je dois ajouter que chaque membre du personnel enseignant y jouit de toute la liberté compatible avec la liberté de ses collègues.

Les professeurs ne sont employés que sur leur demande écrite.

Le stage des aspirantes est facultatif et non obligatoire ; aucune contrainte d'aucune sorte n'est exercée ; aucun engagement n'est imposé.

Vous voyez que mon œuvre comprend trois ordres d'activité très distincts : mon enseignement personnel, artistique et pédagogique ; — mes publications qui sont l'expression écrite de ma méthode d'enseignement ; — et mes fondations scolaires. Ces dernières forment un tout en trois parties : l'école préparatoire qui met à la disposition de toutes les femmes une éducation musicale professionnelle ;

Les deux écoles d'application qui fournissent aux professeurs et aux aspirantes-maîtresses formées à l'école préparatoire, les moyens d'apprendre leur métier, d'exercer leur savoir et d'agrandir leur situation ;

Enfin l'association qui, après avoir été le point de départ nécessaire à la réalisation de ces diverses créations, en demeure le lien, l'esprit et l'âme.

L'ancien comité de patronage, devenu un Conseil d'administration, s'assemble tous les ans chez moi et entend mon rapport, ainsi que celui du trésorier, sur la situation musicale, morale et financière de notre œuvre.

VI

Un dernier mot: les grands travailleurs que j'ai connus et admirés dans mon enfance, ont exercé sur mon esprit, par l'unité de vie et le labeur persistant, une influence heureuse qui s'est étendue sur mon existence entière.

Dans le monde musical, Le Couppey, mon vénéré maître, et M. Marmontel, ces deux doyens de l'enseignement du piano.

Dans le monde scientifique, le grand Littré qui travaillait à son dictionnaire, au bruit des rires et des bavardages enfantins dont sa fille, mon excellente amie, et moi, nous ne nous faisions pas faute.

Puissé-je, à mon tour, laisser à mes élèves un exemple salutaire.

Puissé-je leur inspirer l'absolu respect de leur art, et les aider à acquérir les trois vertus théologales du professeur : la conviction, la méthode et l'ardeur.

Puissé-je surtout leur communiquer le saint amour du travail, qui a été le patron de ma jeunesse et de mon âge mûr !

Avant de descendre de cette chaire consacrée, qui donne à ma parole plus d'autorité et de persuasion, je veux redire à ces jeunes disciples qui m'écoutent :

Aimez le travail, mettez en lui seul votre confiance ; — les oisifs le blasphèment, parce qu'ils ne le connaissent pas. — C'est l'ami qui ne trahit jamais ; qui paie au centuple le moindre effort ; qui aide à supporter les difficultés de la vie ; — qui rassérène l'âme, et la rétablit, après l'épreuve, dans son équilibre moral !...

« La gloire, selon Mme de Staël (qui, sans doute, pleurait sur elle-même) ; la gloire, pour une femme, n'est que le deuil éclatant du bonheur ! »

Le travail, au contraire, *se transforme en bonheur*, pour celui qui lui rend un culte persévérant et désintéressé !

Avant de nous séparer, Mesdames et Messieurs, laissez-moi vous donner rendez-vous, au XXe siècle, quand viendra le moment de célébrer mes noces d'or avec le professorat !

Hortense Parent.

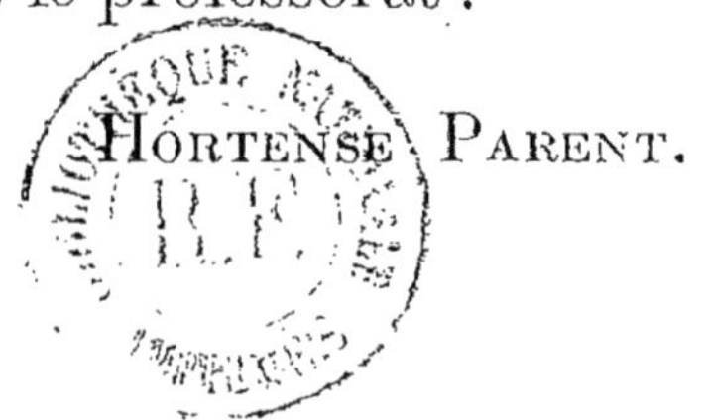

PARIS. — IMP. P. MOUILLOT, 13, QUAI VOLTAIRE. — 74096